Rolf Kutschera • Norbert Golluch

KANN DENN FAXEN SÜNDE SEIN?

75 Fax Classics

Eichborn.

© Vito von Eichborn GmbH & CO. KG, Frankfurt am Main.
Monat 1996.
Cover: Heike Unger/Rolf Kutschera
Illustrationen: Rolf Kutschera
Gesamtherstellung: Fuldaer Verlagsanstalt GmbH.
ISBN 3-8218-3034-4
Verlagsverzeichnis schickt gern:
Eichborn Verlag, Kaiserstr. 66, D-60329 Frankfurt

Inhalt

Ich will ja nicht drängeln, aber...
Ich warte auf Rückruf!

Bin zu erreichen unter:

.... von .... bis .... Uhr

Ort   :   Wir bitten um
Datum   :   o Rückruf
Fax von   :   o Kenntnisnahme
Ansprechpartner: o Stellungnahme
Tel.   :   o umgehende Reaktion
Fax   :
an   :   Ihre /Ihr
Es folgen :   Seite(n)

Wirklich dringende Nachricht:

Ort   :   Wir bitten um
Datum   :   o Rückruf
Fax von   :   o Kenntnisnahme
Ansprechpartner: o Stellungnahme
Tel.   :   o umgehende Reaktion
Fax   :
an   :   Ihre /Ihr
Es folgen :   Seite(n)

Ich hab' mich fast für Dich zerrissen...

...Himmel und Hölle in Bewegung gesetzt,
aber leider hat's dennoch nicht geklappt! Sorry!

Ort :	Wir bitten um
Datum :	o Rückruf
Fax von :	o Kenntnisnahme
Ansprechpartner:	o Stellungnahme
Tel. :	o umgehende Reaktion
Fax :	
an :	Ihre /Ihr
Es folgen : Seite(n)	

Nette Erinnerung...

Ich will Sie/Dich ja nicht nerven, aber da ist
noch eine kleine Sache offen:

Ich bitte um umgehende Regelung!
Vielen Dank und nichts für ungut!

		Wir bitten um
Ort	:	o Rückruf
Datum	:	o Kenntnisnahme
Fax von	:	o Stellungnahme
Ansprechpartner:		o umgehende Reaktion
Tel.	:	
Fax	:	
an	:	Ihre /Ihr
Es folgen	:	Seite(n)

Nachdrückliche Erinnerung

Ich bin ja nicht kleinlich, aber es wird nun wirklich Zeit, daß
❏ Du mit den Scheinen rüberkommst
❏ Du mir die geliehenen Klamotten, nämlich:
....
.... zurückgibst
❏ Du sonstiges regelst, nämlich
....
....
....
....

Ziemlich sauer

....

HÖRST DU?!

Ort :	Wir bitten um
Datum :	o Rückruf
Fax von :	o Kenntnisnahme
Ansprechpartner:	o Stellungnahme
Tel. :	o umgehende Reaktion
Fax :	
an :	Ihre /Ihr
Es folgen : Seite(n)	

Höchste Zeit...

... für ein Treffen!

Terminvorschlag:

Datum: .... Zeit: .... Uhr

Ort: ....

Ort :	Wir bitten um
Datum :	o Rückruf
Fax von :	o Kenntnisnahme
Ansprechpartner:	o Stellungnahme
Tel. :	o umgehende Reaktion
Fax :	
an :	Ihre /Ihr
Es folgen : Seite(n)	

Man ist nicht immer erreichbar...

Entschuldige, wenn Du das Pech hattest, mich nicht anzutreffen (wichtige Geschäfte!). Jetzt stehe ich Dir aber wieder voll und ganz zur Verfügung. Ich hoffe, daß uns weder ein Millionen-Deal noch der Nobel-preis durch die Lappen gegangen ist!

Grüße

....

P.S.: Bin jetzt wieder voll - im Einsatz!

Ort :	Wir bitten um
Datum :	o Rückruf
Fax von :	o Kenntnisnahme
Ansprechpartner:	o Stellungnahme
Tel. :	o umgehende Reaktion
Fax :	
an :	Ihre /Ihr
Es folgen : Seite(n)	

Haben wir uns verpaßt...

Liebe/Lieber ....,

beim Rennen um den Großen Preis scheinen einige Ver-
wicklungen eingetreten zu sein. Vielleicht hast Du 'ne
Abkürzung genommen. Jedenfalls hat unsere Verabre-
dung am .... um .... Uhr - Ort ....
irgendwie nicht funktioniert. Versuchen wir's noch mal?
Melde Dich bitte unter

Tel/Fax-Nr.: ....

Grüße ....

Ort   :
Datum   :
Fax von   :
Ansprechpartner:
Tel.   :
Fax   :
an   :
Es folgen :   Seite(n)

Wir bitten um
o Rückruf
o Kenntnisnahme
o Stellungnahme
o umgehende Reaktion

Ihre /Ihr

Erfolgsmeldung!

Ort :	Wir bitten um
Datum :	o Rückruf
Fax von :	o Kenntnisnahme
Ansprechpartner:	o Stellungnahme
Tel. :	o umgehende Reaktion
Fax :	
an :	Ihre /Ihr
Es folgen : Seite(n)	

EDV-Katastrophe!

Du wirst doch jetzt nicht schlapp machen?!

Leider doch - unser elektronischer Mitarbeiter hat wieder mal vegetative Störungen. Vielleicht ist es auch eine existenzielle Krise. Zur Zeit geht nichts oder so gut wie nichts oder alles nur ganz langsam. Wir bitten Sie um Ihr Verständnis und tun, was wir können! Wir melden uns, sobald wieder alles zu unserer Zufriedenheit läuft. Sorry, so sorry!

Ihr / Ihre ....

Ort :	Wir bitten um
Datum :	o Rückruf
Fax von :	o Kenntnisnahme
Ansprechpartner:	o Stellungnahme
Tel. :	o umgehende Reaktion
Fax :	
an :	Ihre /Ihr
Es folgen : Seite(n)	

Manche Angebote kommen einfach zu direkt...

Unseres an Sie kommt erst dann, wenn Sie es wollen!
Interesse?

Tel./Fax ....

Ort   :
Datum   :
Fax von   :
Ansprechpartner:
Tel. :
Fax   :
an   :
Es folgen :   Seite(n)

Wir bitten um
o Rückruf
o Kenntnisnahme
o Stellungnahme
o umgehende Reaktion

Ihre /Ihr

Lieber Lieferant!
Es ist nicht einfach,
einen Job mit Anstand
zu Ende zu bringen...

Apropos: Wo bleibt unsere Lieferung?

Kd.-Nr. ....

Datum: ....

sonstiges: ....

Bitte nicht schlappmachen!

Ort :	Wir bitten um	
Datum :	o Rückruf	
Fax von :	o Kenntnisnahme	
Ansprechpartner:	o Stellungnahme	
Tel. :	o umgehende Reaktion	
Fax :		
an :	Ihre /Ihr	
Es folgen : Seite(n)		

Manchmal nehmen die Dinge eine überraschende Wendung...

Das Neueste:

Ort   :   Wir bitten um
Datum   :   o Rückruf
Fax von   :   o Kenntnisnahme
Ansprechpartner: o Stellungnahme
Tel. :   o umgehende Reaktion
Fax :
an   :   Ihre /Ihr
Es folgen :   Seite(n)

Jetzt zählen nur noch nackte Tatsachen!

Tatsachenbericht:

Ort :	Wir bitten um
Datum :	o Rückruf
Fax von :	o Kenntnisnahme
Ansprechpartner:	o Stellungnahme
Tel. :	o umgehende Reaktion
Fax :	
an :	Ihre /Ihr
Es folgen : Seite(n)	

ABFLUG!

Liebe / Lieber ....

vom .... bis ....

bin ich im Urlaub und zwar in ....

Wenn Sie mich dringend erreichen müssen:

Telefon   ....
Fax   ....

Ort   :   Wir bitten um
Datum   :   o Rückruf
Fax von   :   o Kenntnisnahme
Ansprechpartner: o Stellungnahme
Tel. :   o umgehende Reaktion
Fax   :
an   :   Ihre /Ihr
Es folgen :   Seite(n)

LET'S MAKE THE BIG DEAL!

Geschäftlicher Vorschlag:

Ort :	Wir bitten um
Datum :	o Rückruf
Fax von :	o Kenntnisnahme
Ansprechpartner:	o Stellungnahme
Tel. :	o umgehende Reaktion
Fax :	
an :	Ihre /Ihr
Es folgen : Seite(n)	

Der Schein trügt...

Fakten zählen:

Ort	:	Wir bitten um
Datum	:	o Rückruf
Fax von	:	o Kenntnisnahme
Ansprechpartner:		o Stellungnahme
Tel.	:	o umgehende Reaktion
Fax	:	
an	:	Ihre /Ihr
Es folgen :	Seite(n)	

Schlapp im sozialen Netz?

Nicht mit mir. Ich brauch 'n Job!

Ort :	Wir bitten um
Datum :	o Rückruf
Fax von :	o Kenntnisnahme
Ansprechpartner:	o Stellungnahme
Tel. :	o umgehende Reaktion
Fax :	
an :	Ihre /Ihr
Es folgen : Seite(n)	

DRINGENDES EILFAX! BITTE LESEN!

Ort   :   Wir bitten um
Datum   :   o Rückruf
Fax von   :   o Kenntnisnahme
Ansprechpartner: o Stellungnahme
Tel.   :   o umgehende Reaktion
Fax   :
an   :   Ihre /Ihr
Es folgen :   Seite(n)

Bumptibbibibum!

[Nonverbale Bitte um Rückruf]

Ort :	Wir bitten um
Datum :	o Rückruf
Fax von :	o Kenntnisnahme
Ansprechpartner:	o Stellungnahme
Tel. :	o umgehende Reaktion
Fax :	
an :	Ihre /Ihr
Es folgen : Seite(n)	

Arbeitsessen machen schlank!
Darf ich Sie mal zum Essen einladen?

Lieber / liebe ....

gutes Essen finde ich faszinierend, besonders dann, wenn man Geschäft und lukullisches Vergnügen zusammenbringen kann.

Terminvorschlag   : ....
Lokal   : ....
    ....
    ....

Darf ich mit Ihrer Zusage rechnen?

Telefon   : ....
Fax   : ....

Ihr / Ihre   ....

Ort   :   Wir bitten um
Datum   :   o Rückruf
Fax von :   o Kenntnisnahme
Ansprechpartner: o Stellungnahme
Tel. :   o umgehende Reaktion
Fax :
an :   Ihre /Ihr
Es folgen :   Seite(n)

High-Speed-Fax

Dringende Nachricht:

Ort :		Wir bitten um
Datum :		o Rückruf
Fax von :		o Kenntnisnahme
Ansprechpartner:		o Stellungnahme
Tel. :		o umgehende Reaktion
Fax :		
an :		Ihre /Ihr
Es folgen :	Seite(n)	

Nein, ich bin doch nicht überlastet! Ich doch nicht! Nie!

Nachricht:

Ort :	Wir bitten um
Datum :	o Rückruf
Fax von :	o Kenntnisnahme
Ansprechpartner:	o Stellungnahme
Tel. :	o umgehende Reaktion
Fax :	
an :	Ihre /Ihr
Es folgen : Seite(n)	

Bye, bye, Boss!

Liebe Firmeninhaberin, lieber Firmeninhaber! Geliebte Personalabteilung!

Ihr seid einfach alle zu gut zu mir. Das halte ich nicht länger aus! Deshalb kündige ich

○ fristgerecht zum   : ....
○ fristlos
○ mit folgender Begründung:
....
....
....
....
....

Mit produktiven Grüßen

Ihre / Ihr   ....

Ort   :   Wir bitten um
Datum   :   o Rückruf
Fax von :   o Kenntnisnahme
Ansprechpartner: o Stellungnahme
Tel.   :   o umgehende Reaktion
Fax   :
an   :   Ihre /Ihr
Es folgen :   Seite(n)

"Kann denn Faxen Sünde sein?" - Big Business - S. 28 © Eichborn Verlag, Frankfurt

Termindruck!

Ich melde mich, wenn ich wieder Luft habe!

Ort	:	Wir bitten um	
Datum	:	o Rückruf	
Fax von	:	o Kenntnisnahme	
Ansprechpartner:		o Stellungnahme	
Tel.	:	o umgehende Reaktion	
Fax	:		
an	:	Ihre /Ihr	
Es folgen	: Seite(n)		

Unsere Buchhaltung ist leider überlastet...

...aber auch Ihre Zahlung geht in den nächsten Tagen raus! Versprochen!

Ort :		Wir bitten um
Datum :		o Rückruf
Fax von :		o Kenntnisnahme
Ansprechpartner:		o Stellungnahme
Tel. :		o umgehende Reaktion
Fax :		
an :		Ihre /Ihr
Es folgen :	Seite(n)	

Ich steck' teuflisch in der Klemme...

Hilferuf:

		Wir bitten um
Ort	:	o Rückruf
Datum	:	o Kenntnisnahme
Fax von	:	o Stellungnahme
Ansprechpartner:		o umgehende Reaktion
Tel.	:	
Fax	:	
an	:	Ihre /Ihr
Es folgen	: Seite(n)	

Aus dem Hut gezaubert...

Nachricht:

Ort   :
Datum   :
Fax von   :
Ansprechpartner:
Tel.   :
Fax   :
an   :
Es folgen :   Seite(n)

Wir bitten um
o Rückruf
o Kenntnisnahme
o Stellungnahme
o umgehende Reaktion

Ihre /Ihr

Goethe bin ich nicht...

... aber dichten kann ich! Als kleine Aufmerk-
samkeit faxe ich Dir dieses Meisterwerk, das
ich nur für Dich geschrieben habe:

....

....

....

....

....

Liebesbotschaft

von .... *an* ....

MACHO-DIPLOM

Wegen massiver Höchstleistungen auf allen Gebieten männlicher Leistungsfähigkeit ausgestellt an:

....

Bund Deutscher Machos, der 1. Vorstehende

....

Keine Liebesbotschaft

von .... *an* ....

Weibliches Absagefax:

ZISCH AB, TARZAN!

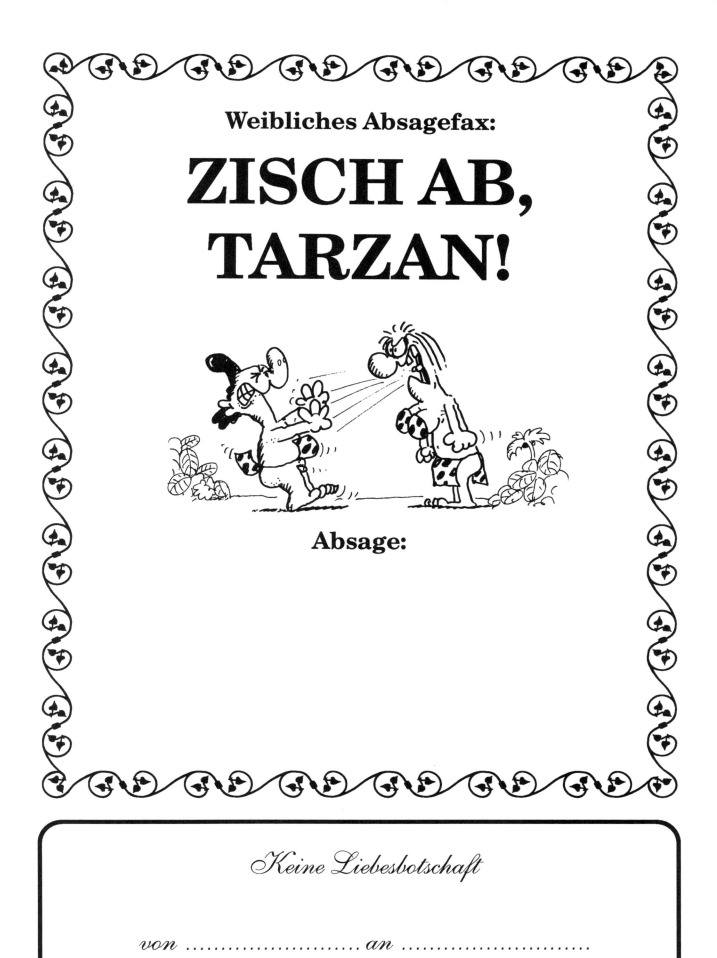

Absage:

Keine Liebesbotschaft

von .... *an* ....

Ich könnt' Dich knutschen!

Liebe Grüße

Deine / Dein ....

Liebesbotschaft

von .... an ....

Es brennet das Verlangen
ich muß Dich leider fangen!
Es wird Dich überraschen
ich muß Dich jetzt vernaschen!

Liebesbotschaft

von .... *an* ....

Ich find' Dich so kuschelig!

Liebesbotschaft

von .... *an* ....

You make me blue!
What make I you?

Zieh mir was an!
Das Reizwäsche-Fax

Nackt - das ist doch nur was für doofe Schnecken! Erst mit Dessous wirkt ein solcher Knallkörper wie meiner so richtig! Also: krall Dir den Zeichenstift und gib's mir! Ich steh' auf die abgefahrensten Klamotten:

High Heels, Strapse, Spitze; Leder, Gummi, Flummi und... Na, Du weißt schon....

Liebesbotschaft

von .... *an* ....

"Kann denn Faxen Sünde sein?" - Love - S. 42 © Eichborn Verlag, Frankfurt

Triebstau-Fax

Liebesbotschaft

von .... an ....

Anti-Grabbel-Fax

Keine Liebesbotschaft

von .... *an* ....

Manche Männer
müssen jede Frau
abschleppen.

Ich will nur Dich. Basta!

Liebesbotschaft

von .... an ....

Fax-Schock-Therapie
für verbohrte Verehrer

Interesse an einer längerfristigen Bindung?

Liebesbotschaft

von .... *an* ....

Ich könnt' Dich fressen!

Auf jeden Fall nicht vergessen...

Liebesbotschaft

von .... *an* ....

"Kann denn Faxen Sünde sein?" - Love - S. 47 © Eichborn Verlag, Frankfurt

Erotisches Universal-Bitt-Fax
Bitte-bitte!
Zutreffendes ankreuzen!

○ Ich möchte Dich betör'n!
Wirst Du mich erhör'n?

○ Ich lieg vor Dir auf Knien.
Hast Du mir verziehen?

○ Ich will mich an Dich binden.
Wird sich das Weit're finden?

○ Ich brauche was zu essen.
Hast Du mich vergessen?

○ Ich find, Du bis von gestern.
Hast Du eigentlich Schwestern?

Liebesbotschaft

von .... *an* ....

Erotik-Power-Fax

In mir brodeln wilde Säfte,
schwellen tolle Kräfte,
denk' ich an Dich zur Abendstund'.
Sag, Liebstes, findst Du das gesund?

Liebesbotschaft

von .... an ....

Ich hab' einen erwischt!

Er heißt ....
und am .... wird geheiratet!
Dazu lade ich Dich / Euch / Sie herzlich ein!
Die genaue Info:

Liebesbotschaft

von .... *an* ....

Ich hab' eine erwischt!

Sie heißt ....
und am .... wird geheiratet!
Dazu lade ich Dich / Euch / Sie herzlich ein!
Die genaue Info:

Liebesbotschaft

von .... an ....

Volltreffer!

Sehr geehrte(r)

....

so manches hatte ich
erwartet, aber daß
ausgerechnet ich
wieder mal das
Glück haben
mußte, den
großen Flop
zu landen ...
Bitte
verschonen
Sie mich
künftig
mit solch
frohen
Nach-
richten!

Mit vorzüglichster Hochachtung

....

Ort	:		Ich bitte um
Datum	:		o keinen Rückruf
Fax von	:		o genaue Kenntnisnahme
Tel.	:		o keinerlei Stellungnahme
Fax	:		o Abbruch der Beziehungen
an	:		o ....
Es folgen	:	keine weiteren Seiten	Ihre /Ihr

....

Standard-Beleidigungs-Fax (für Männer)

Wenn man genau hinsieht...

Daß ich mich so irren konnte!
Da habe ich gedacht, ein lieb-
reizendes Wesen zu treffen,
und was erwisch' ich?
(Zutreffendes bitte ankreuzen!)

- ◯ die letzte Sumpfkuh
- ◯ eine dumme Gans
- ◯ ein doofes Huhn
- ◯ 'ne Schnapsdrossel
- ◯ 'ne Emanze
- ◯ 'ne Quasselstrippe
- ◯ 'n Hausdrachen
- ◯ aber auch:

....
....
....
....
....
....
....

Ort :	Ich bitte um
Datum :	o keinen Rückruf
Fax von :	o genaue Kenntnisnahme
Tel. :	o keinerlei Stellungnahme
Fax :	o Abbruch der Beziehungen
an :	o ....
Es folgen : keine weiteren Seiten	Ihr
	....

Standard-Beleidigungs-Fax (für Frauen)

ALLES SENKRECHT, TARZAN?

Glaubste ja wohl selber nicht!

Ort	:	Ich bitte um
Datum	:	o keinen Rückruf
Fax von	:	o genaue Kenntnisnahme
Tel.	:	o keinerlei Stellungnahme
Fax	:	o Abbruch der Beziehungen
an	:	o ....
Es folgen	: keine weiteren Seiten	Ihre
		....

Da geht Dir die Muffe, wa!

Muckis sind eben nicht alles!

Ort	:		Ich bitte um
Datum	:		o keinen Rückruf
Fax von	:		o genaue Kenntnisnahme
Tel.	:		o keinerlei Stellungnahme
Fax	:		o Abbruch der Beziehungen
an	:		o ....
Es folgen	:	keine weiteren Seiten	Ihre /Ihr
			....

Es muß mal gesagt werden:

Ort	:		Ich bitte um
Datum	:		o keinen Rückruf
Fax von	:		o genaue Kenntnisnahme
Tel.	:		o keinerlei Stellungnahme
Fax	:		o Abbruch der Beziehungen
an	:		o ....
Es folgen	:	keine weiteren Seiten	Ihre /Ihr

....

Treibst Du Kunst
am falschen Platz...

...kriegst Du was
vor Deinen Latz...

Ort	:		Ich bitte um
Datum	:		o keinen Rückruf
Fax von	:		o genaue Kenntnisnahme
Tel.	:		o keinerlei Stellungnahme
Fax	:		o Abbruch der Beziehungen
an	:		o ....
Es folgen	:	keine weiteren Seiten	Ihre /Ihr
			....

Meine Meinung zu Ihrer Sendung:

Ort	:	Ich bitte um
Datum	:	o keinen Rückruf
Fax von	:	o genaue Kenntnisnahme
Tel.	:	o keinerlei Stellungnahme
Fax	:	o Abbruch der Beziehungen
an	:	o ....
Es folgen	: keine weiteren Seiten	Ihre /Ihr
		....

		Ich bitte um
Ort	:	o keinen Rückruf
Datum	:	o genaue Kenntnisnahme
Fax von	:	o keinerlei Stellungnahme
Tel.	:	o Abbruch der Beziehungen
Fax	:	o ....
an	:	
Es folgen	: keine weiteren Seiten	Ihre /Ihr
		....

Mein großer Bruder ist bei der
Polizei!

Bild Dir bloß keine Schwach-
heiten ein! Wenn Du mich
noch einmal schief anquatschst,
anbaggerst oder sonstwie
anmachst, wirst Du
schon sehen, was Du
davon hast -
mindestens 'n
Strafmandat!
Oder 'ne
gelbe
Karte.

		Ich bitte um
Ort	:	o keinen Rückruf
Datum	:	o genaue Kenntnisnahme
Fax von	:	o keinerlei Stellungnahme
Tel.	:	o Abbruch der Beziehungen
Fax	:	o ....
an	:	Ihre /Ihr
Es folgen	: keine weiteren Seiten	

....

Meine Schwester kann
Karate!

Sie hat sogar den Schwarzen
Gürtelreifen! Das muß Dir schon
klar sein - wenn Du den
Harten rauskehrst oder
Dich sonstwie da-
neben benimmst:
Eins, zwei -
ab dafür!
Aber vielleicht
ist es nur die
Nase, die Sie
Dir in
Scheibchen
schneidet...

		Ich bitte um
Ort	:	o keinen Rückruf
Datum	:	o genaue Kenntnisnahme
Fax von	:	o keinerlei Stellungnahme
Tel.	:	o Abbruch der Beziehungen
Fax	:	o ....
an	:	Ihre /Ihr
Es folgen	: keine weiteren Seiten	
		....

SCHLUSS MIT DEM WERBEMÜLL!

ODER ICH WERD' ZUM TIER!

Ort	:		Ich bitte um
Datum	:		o keinen Rückruf
Fax von	:		o genaue Kenntnisnahme
Tel.	:		o keinerlei Stellungnahme
Fax	:		o Abbruch der Beziehungen
an	:		o ....
Es folgen	:	keine weiteren Seiten	Ihre /Ihr
			....

Eigentlich möchte ich Dich

DUMMER

OCHSE

nennen, aber ich verkneif' es mir lieber!

Ort	:	Ich bitte um
Datum	:	o keinen Rückruf
Fax von	:	o genaue Kenntnisnahme
Tel.	:	o keinerlei Stellungnahme
Fax	:	o Abbruch der Beziehungen
an	:	o ....
Es folgen	: keine weiteren Seiten	Ihre /Ihr
		....

Nicht jede Erwerbung bringt die reine Freude...

...deshalb möchte ich folgende Gegenstände per Kleinanzeige verkaufen:

Ort :	Ich bitte um
Datum :	o Rückruf
Fax von :	o Kenntnisnahme
Tel. :	o Stellungnahme
Fax :	o umgehende Reaktion
an :	
Es folgen : Seite(n)	Ihre /Ihr

Kommst Du mit aufs Land?

Ausflugs-/Kurzreiseziel ....

von .... bis ....

Ich warte auf Antwort!

Ort :	Ich bitte um
Datum :	o Rückruf
Fax von :	o Kenntnisnahme
Tel. :	o Stellungnahme
Fax :	o umgehende Reaktion
an :	
Es folgen : Seite(n)	Ihre /Ihr

Nicht jede Hilfe ist willkommen!

Es muß schon qualifizierte sein!

Hilferuf:

Ort   :   Ich bitte um
Datum   :   o Rückruf
Fax von   :   o Kenntnisnahme
Tel. :   o Stellungnahme
Fax :   o umgehende Reaktion
an   :
Es folgen :   Seite(n)   Ihre /Ihr

Immer mit der Ruhe...

Ort :	Ich bitte um
Datum :	o Rückruf
Fax von :	o Kenntnisnahme
Tel. :	o Stellungnahme
Fax :	o umgehende Reaktion
an :	
Es folgen : Seite(n)	Ihre /Ihr

Ich begreif nix!

Hab' ich denn nun 'n Brett vorm Kopp oder...

Meine Nachfrage:

Ort　　 :　　　　　　　　　　　　Ich bitte um
Datum　　 :　　　　　　　　　　　o Rückruf
Fax von　 :　　　　　　　　　　　o Kenntnisnahme
Tel.　 :　　　　　　　　　　　　o Stellungnahme
Fax　 :　　　　　　　　　　　　o umgehende Reaktion
an　　 :
Es folgen :　Seite(n)　　　　　　　Ihre /Ihr

Pause...

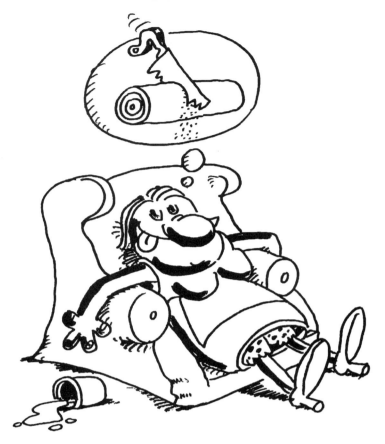

Das Neueste:

Ort :		Ich bitte um
Datum :		o Rückruf
Fax von :		o Kenntnisnahme
Tel. :		o Stellungnahme
Fax :		o umgehende Reaktion
an :		
Es folgen :	Seite(n)	Ihre /Ihr

ICH KOMME!

Und zwar am .... um .... Uhr

Treffpunkt: ....

Ort   :

Datum   :

Fax von   :

Tel.   :

Fax   :

an   :

Es folgen :   Seite(n)

Ich bitte um

o Rückruf

o Kenntnisnahme

o Stellungnahme

o umgehende Reaktion

Ihre /Ihr

Bitte schalten Sie folgende

Text:

Bitte buchen Sie den Rechnungsbetrag von folgenden Konto ab:

Konto-Nr. .... BLZ: ....

Ort :	Ich bitte um
Datum :	o Rückruf
Fax von :	o Kenntnisnahme
Tel. :	o Stellungnahme
Fax :	o umgehende Reaktion
an :	
Es folgen : Seite(n)	Ihre /Ihr

Grippewelle!

Krankenbericht + Absage:

Ort :		Ich bitte um
Datum :		o Rückruf
Fax von :		o Kenntnisnahme
Tel. :		o Stellungnahme
Fax :		o umgehende Reaktion
an :		
Es folgen : Seite(n)		Ihre /Ihr

FAX-GESCHENK!

Liebe / Lieber

....

nur, damit Du
beruhigt bist: Ich habe
Dich natürlich nicht vergessen!
Zuallerst einmal gratuliere ich Dir

....

und schicke Dir ein Geschenk, daß Du zwar schon
mal bestaunen, aber leider noch nicht auspacken kannst.
Das läßt sich aber nachholen! Mein Terminvorschlag:

....

Ort :	Ich bitte um
Datum :	o Rückruf
Fax von :	o Kenntnisnahme
Ansprechpartner:	o Stellungnahme
Tel. :	o umgehende Reaktion
Fax :	
an :	Ihre /Ihr
Es folgen : Seite(n)	

Urlaubsgrüße

**fallen nicht immer
geschmackvoll aus.
Deshalb möchten wir auf
Grußkarten verzichten
und lieber auf diese Weise aus**

....

herzlich grüßen.

....

Ort   :
Datum   :
Fax von   :
Ansprechpartner:
Tel.   :
Fax   :
an   :
Es folgen :   Seite(n)

Ich bitte um
o Rückruf
o Kenntnisnahme
o Stellungnahme
o umgehende Reaktion

Ihre /Ihr

Beförderungs-Fax

Es gratulieren zur Beförderung:

Happy Birthday!

wünschen:

Ort :	Ich bitte um
Datum :	o Rückruf
Fax von :	o Kenntnisnahme
Ansprechpartner:	o Stellungnahme
Tel. :	o umgehende Reaktion
Fax :	
an :	Ihre /Ihr
Es folgen : Seite(n)	

Hochzeitsfax

Wir gratulieren!

Der Farmer sprach zum Känguruh: Come on, Baby, hoppel zu!

Nachricht:

Wo rohe Kräfte sinnlos walten...

Nachricht: